그의 말을 훔치다

정치산 시인은 2011년 계간 ≪리토피아≫로 등단했으며, 시집으로 『바람난 치악산』이 있다. 제14회 강원문학 작가상, 전국계간문예지 작품상, 원주문학상을 수상했다. ≪리토피아≫ 편집차장, 원주문인협회 부회장, 막비시동인으로 활동 중이다.

e메일 : jcs0470@hanmail.net

리토피아포에지 · 89
그의 말을 훔치다

인쇄 2019. 7. 3 발행 2019. 7. 8
지은이 정치산 펴낸이 정기옥
펴낸곳 리토피아
출판등록 2006. 6. 15. 제2006-12호
주소 22162 인천 미추홀구 경인로 77(숭의3동 120-1)
전화 032-883-5356 전송032-891-5356
홈페이지 www.litopia21.com 전자우편 litopia@hanmail.net

ISBN-978-89-6412-116-0 03810

값 10,000원

이 도서의 국립중앙도서관 출판예정도서목록(CIP)은 서지정보유통지원시스템 홈페이지(http://seoji.nl.go.kr)와 국가자료종합목록 구축시스템(http://kolis-net.nl.go.kr)에서 이용하실 수 있습니다.(CIP제어번호 : CIP2019024985)

※ 이 시집은 원주문화재단의 문화예술지원사업으로 발간되었습니다.

정치산 시집

그의 말을 훔치다

LITERATURE & UTOPIA

시인의 말

그녀의 눈 속에 블랙홀 잠들어 있다.
그녀의 블랙홀에서 바람꽃 피고 있다.
잠시 머물다가는 바람의 대기실이다.
소소하게 불었다 가는 꽃들 거기 산다.
소소하게 불었다 가는 꽃들을 살피는 것이 나의 일이다.
잠시 머물다 가는 삶의 대기실,
그곳에서 기억을 잃지 않을까, 가족에게 짐은 되지 않을까,
종종거리는 그녀들과 부대끼며 위로받고 위로한다.
그리움으로 하루를 보내고 짐이 되지 않으려고,
애쓰며 살아가고 있는 그들을 만나면 생각이 많아진다.

2019년 여름
정치산

차례

제1부

제2부

제3부

제4부

| 제1부 |

달빛이 걸리다

바람이 소리도 없이 선득하게 불던 봄날이다.
조롱조롱 매달린 꽃봉오리가 꺾이던 날이다.
봄이 뒤집히고 초록이 하얗게 부서지던 날이다.
벚꽃잎이 하롱하롱 쏟아져 내리던 날이다.

황사로 흐려진 태양이 시궁창에 가라앉는다.
안개로 가려진 달은 시궁창에서 떠오르고,
불어오는 바람에 아지랑이 아른아른 흔들린다.
봄은 고요해지고 팽나무 그림자에 달빛이 걸린다.

밤새 바람이 울고 안개는 느리게 울음을 가린다.
팽나무에 달빛이 들고 그림자는 달의 집에 든다.

그의 말을 훔치다 · 1

이 문장을 쓰는 순간 당신의 머릿속에서 칼날이 춤춥니다.
두 번째 문장을 썼을 때 가슴에 피가 흐르지 않았습니까?
세 번째 문장을 썼을 때 심장이 계속 뛰고 있었습니까?
당신은 심장 깊이 굳은살이 박여 칼춤을 느끼지 못합니다.
벨 수 없는 헛된 칼춤을 혼자만 신나게 췄다는 것이지요.
당신이 지금까지 써온 문장들은 다 뻥이고, 뻥인 게지요.

레드 썬!

당신이 다음 페이지에 다섯 번째 문장을 시작하는 순간,
피돌기를 따라 흐르던 피가 솟구치며 칼춤이 시작됩니다.
칼끝에서 번져오는 시퍼런 칼날이 느껴지지 않습니다.
당신은 심장 깊이 굳은살이 박여 칼춤을 느끼지 못합니다.
번져오는 울음을 느끼지 못합니다. 기억을 잃었습니다.
지금까지 쓴 문장들이 참말이어서 깨어나지 않고 있습니다.

레드 썬!

당신은 심장 깊이 굳은살이 박여 칼춤을 느끼지 못합니다.
그래도 당신은 다시 다음 페이지를 쓰고 싶습니까?
어떤 일이 일어나더라도 쓰고 싶다면 당신 책임입니다.
피돌기를 따라 흐르던 피가 솟구치며 칼춤이 시작됩니다.
그렇다면 시퍼런 칼들이 번쩍번쩍 춤추는 걸 바라보세요.
이미 칼끝이 당신의 심장을 파고들었는지도 모르겠습니다.

레드 썬!

그의 말을 훔치다 · 2
—사랑

그가 내게서 빼앗아간 것이지.
도망간 그녀가 훔쳐간 것이지.
십 년 전 어머니가 가져간 것이지.

달밤을 휘젓는 도깨비 춤사위에
만삭의 달이 어이없이 혼절하는 밤,
한바탕 휘젓고 가는 도깨비놀음이네.

그의 말을 훔치다 · 3

돌덩이가 발에 채어 굴러다닙니다.
금덩이가 되고 다이아몬드가 됩니다.
구우면 구울수록 변하는 돌덩이를
아홉아홉 번 구웠더니 그녀가 됩니다.
그의 말은 참말보다 더 매력적인 거짓말들이죠.
그래도 그의 말이 믿고 싶어 자꾸 굽고 있습니다.
아홉아홉 번을 구웠더니 뻥튀기가 됩니다.
그녀는 간데없고 뻥튀기 우르르 쏟아집니다.
지금까지 쏟아놓은 그의 말이 믿고 싶어져
한여름 태양 아래 다시 돌덩이를 굽고 있습니다.
구멍을 만들고 문을 만들어 숨을 틔우고 있습니다.

그의 말을 훔치다 · 4
—수박

검은 길을 따라 개미가 기어가고 소년이 기어가고 그가 기어간다.

수박을 깨면 추억이 걸어 나오고 그가 허우적허우적 걸어 나온다.

십 년 전 어머니가 걸어 나오고 우당탕 탕 도깨비가 튀어나온다.

그가 훔쳐간 태양이 튀어나오고 그녀가 훔쳐간 밤이 튀어나온다.

우당탕탕 도깨비가 춤을 추면 어머니 훠이훠이 먼 길 가신다.

검은 길을 따라 태양이 숨어들고 기나긴 여름밤이 도깨비 놀음이다.

그의 말을 훔치다 · 5

—전설을 기록하는 시인

삼백육십오일 해가 깃들고 달이 깃드는 거기가 있다.
거기에 원고를 주면 죽는다는 전설이 있다.
그가 신문을 펼쳐놓고 몇 가지 단어를 조합한다.
거기에 원고를 주면 죽는다는데, 고민한다.
죽기 전에 남겨야 할 원고를 꺼내 드는 순간
원고를 향해 날아온 칼에 붉은 피를 묻힌다.
원고를 주면 죽는다는 전설은 사실이 아니라고
공익광고를 계속 찍고 있지만 세상은 갸우뚱한다.
하늘의 노여움을 받아 쫓겨난 새들이 원고를 가져온다.
전설을 기록하는 전설적인 시인을 알고 있나요?
매일 신문에는 전설적인 시인을 찾는 광고문구가 실린다.
몇몇이 거기 원고를 주고 마지막 인사를 했다는 풍문이다.
죽기 전에 거기에 꼭 원고를 주어야 천국에 갈 수 있다.
그 소문에 전설이 늘어나고 원고가 넘쳐난다.
삼백육십오일 해와 달이 깃드는 거기에,
쫓겨난 새들이 원고를 물고 온다는 거기에,
죽음을 무시한 원고들이 출판을 기다리고 있다.

그의 말을 훔치다 · 6

—달빛 몸 부실 때 만나

봄밤이 스르르 졸고 벚꽃이 하르르 흩어지는 그때 만나.
어라리 어라리 달빛 몸 부셔 어쩌지 못해 눈 감길 때,
봄바람이 엉겨와 붕 뜬 몸이 허공을 놓칠 때 그때 만나.

장미꽃 흐드러진 밤에 밤꽃이 축포를 터뜨리는 밤에 만나.
하릴없이 밤꽃향 진한 저녁 달빛이 몸 부신 밤에 그때,
줄장미 담장을 타고 오르다 간드러지게 웃어젖힐 때 만나.

어리어리 어라연 물빛에 취할 때 이유 없이 한가한 밤에,
달빛이 강물 위를 걷다가 휘영청 담길 때 그때 만나.
달빛 몸 부신 밤에 휘어지는 그대 손잡고 훠이훠이 만나.

그의 말을 훔치다 · 7
—봄, 봄, 봄. 밤, 밤, 밤

바람이 살랑살랑, 꽃잎도 살랑살랑
짧은 치마 살랑살랑, 발걸음도 살랑살랑.
바람아 쪼금만, 쪼금만 더, 쪼금만 더, 더, 더,
보일락 말락, 살랑살랑 흔들리는 저,
속이 궁금해진 바람이 홀라당 뒤집히는 날,
연둣빛을 풀무질한 초록의 심장이 걸린다.
가지마다 심장이 출렁이며 뒤집혀지는 밤,
붉은 숨결이 피어올린 가지마다 별이 걸린다.
바람을 유혹하는 당신의 러브 액츄얼리,
심장이 왈랑왈랑 뒤집혀 지면
벚꽃 잎 하르르 무너져 내리고
봄밤이 하롱하롱 흔들리며
앵두가 자지러지는 밤, 밤, 밤. 봄, 봄, 봄.

그의 말을 훔치다 · 8
—감쪽같아

고욤나무 윗부분을 쪼개어 감나무가지에 접을 붙여두면
아래 둥치는 고욤나무 위는 감나무가 되어 감이 열린다지.
나무가 훌쩍 자라면서 접붙인 흔적은 깨끗이 사라지지.
감접같다 감쩍같다 감쪽같다 걱정하지 마 넌 감쪽같아.

그의 말을 훔치다 · 9
—가을입니까?

초콜릿 빛 달콤한 그녀 눈에 술 떨어지는 가을입니다.
시에다 말뚝 하나 박고 있어야 한다는 그의 소리를 들으며
시에다 못을 박고, 가슴에 꽝 말뚝을 박은 가을입니다.
머리의 시, 가슴의 시, 머리와 가슴 사이의 시, 그 틈으로
한계령 바람 치악산까지 건너건너 달달한 가을 옵니다.

그의 말을 훔치다 · 10

—그림 속으로 들어 간 소녀*

붉게 물드는 소녀의 알몸에 벚나무 분홍꽃이 무더기로 덮쳐 내린다.

단단한 나무둥치 속에서 검은 뿌리가 촉수를 뻗으며 슬금슬금 다가온다.

검은 실루엣이 어른거리고 쇠석에서 울려오는 군화 소리에 파르르 떤다.

소녀들도 후들후들 떨고 목련꽃 봉오리 뚝뚝 꺾이며 꽃들이 파르르 진다.

바람이 숨죽이는 사이 붉은 달이 뜨고 합장한 소녀가 달빛 속으로 들어간다.

바람이 숨죽이는 사이 푸른 별이 뜨고 하얀 새 날아가 달빛 속에 스민다.

강물처럼 흐른 육십 여년이 그림 속으로 숨어들어 느릿느릿 숨을 쉰다.

* 강덕경 할머니와 김순덕 할머니의 그림과 대필 작가 배홍진의 책 『그림 속으로 들어간 소녀』.

그의 말을 훔치다 · 11

—암에 잘 걸리는 네 가지 유형

우렁각시는 고형가유두상 췌장암으로 사망이 추정되고,
인어공주는 편평상피성 폐암으로 사망이 추정된다.
캔디는 중등도 부화 위암으로 사망이 추정되고
용왕은 원발성 간암으로 사망할 확률이 높다.

2013년 1월 10일 방송된 SBS '자기야'라는 프로그램에서
캐릭터로 추정한 암에 잘 걸리는 네 가지 유형을 공개했다.

우렁각시는 일 중독으로 퇴근한 후에도 업무 걱정을 하고 일이 너무 많아 휴가는 상상하기 어려워한다. 휴식을 취하면 안절부절못하고 일을 리스트로 만들어 놓는다.

인어공주는 집착증, 완벽주의, 강박적 성향을 갖고 있다. 책을 읽을 때 읽은 부분을 다시 확인하고, 가스불도 몇 번이나 확인한다. 자다가도 벌떡 일어나 정리를 한다.

캔디는 힘들어도 참기만 한다. 다른 사람의 부탁을 거절한 후 죄책감과 불편함을 느끼고, 자기 잘못이 아닌데도 미안하다고 한다. 다른 사람 감정을 상하지 않게 하려고 거짓말하고 혼자 끙끙거린다.

용왕은 건강염려증 환자다. 기침이나 체한 가벼운 증상도 심각한 질병인지 걱정하고, 건강검진에 이상이 없어도 심각한 질병은 아닌지, 혹여 오진은 아닐지 걱정을 한다. 상비약이 준비되어 있지 않으면 늘 불안해한다.

그녀는 지금 네 가지 유형에 모두 속하고도 번 아웃 증후군에 걸려 있다.

여우비

살짝 눈 흘기며 찔끔 눈물 흘렸어.
살랑살랑 보일락 말락 살짝살짝 기대며
살그머니 유혹하며 살랑대는 것도,
감쪽같이 숨겨 놓고 폭폭 안기는 것도,
몽글몽글 안개 피우며 눈짓을 보내는 것도,
그 눈짓, 그 몸짓, 모두 눈치채지 못했어.
간도 쓸개도 다 빼가는 걸 눈치채지 못했어.
빛나는 아홉 개의 표정도 들키지 않았어.
번개 치면 후다닥 정신 차리고
깜찍하게, 해맑게, 천진한 얼굴로
그냥, 그냥 모른 척하고 있을 거야.
후드득, 잠깐 가슴에 실종된 빗방울이잖아.
그냥 잠깐 적시고 지나간 거잖아?
다시 해가 환해지잖아. 한 눈 찡긋 감아봐.
바람이 부는 대로 그냥, 그냥, 지나갈 거야.
잠깐이잖아, 아주 잠깐, 아주, 아주 잠깐이잖아.

빨강 캉캉 목도리

그녀의 트렌드 마크는 빨강 캉캉 목도리라고 해요.
주변 사람들은 북에서 온 택배냐고 놀리기도 하죠.
친구는 캉캉 춤을 출 때 하는 거냐며 한마디 얹죠.
그녀는 식은 미소를 지으며 허허허 헛웃음 웃지요.
빨강 캉캉 목도리의 그녀는 시를 맘대로 가지고 놀아요.
그녀의 시는 산꼭대기로 갔다가 계곡으로 곤두박질쳐요.
그러다가도 발을 동동 굴려 하늘로 솟구쳐 오르기도 하죠.
하늘을 구르다가도 몇 바퀴를 휘돌아서 사뿐히 내려앉아요.
펄럭이는 그녀의 빨강 목도리에 모두 박수를 보내고 있죠.
박수갈채에 신난 그녀는 목도리를 풀어 놓을 생각이 없죠.
모두가 잠든 밤에 깨어 있던 그녀의 시가 끌려가고 말았죠.
그녀의 캉캉 춤도 멈춰지고 빨강 캉캉 목도리도 벗겨졌죠.
그녀의 시는 어디로 굴러갔는지, 솟구쳤는지 사라져버렸죠.

천안천화千眼千話

그의 손에서 천 개의 꽃이 피어납니다.
그의 어깨에서 천 개의 말이 피어납니다.
잘라도 다시 돋아나는 꽃들이 피어납니다.
잘라도 다시 돋는 말들이 날개로 핍니다.
날개로 핀 말들이 천 개의 문을 만듭니다.
시간을 멈춘 벽에 문이 만들어지고 있습니다.
그 문밖에서 다시 시간이 밀려오고 있습니다.
그의 어깨는 말들이 드나드는 문.
닫아도, 닫아도 자꾸만 열리는 그의 어깨에서
말문이 열립니다. 말문이 트입니다.
그대가 돋아납니다. 그대가 열리고 있습니다.

흔들어요

멈추어선 시간이 구부러진 시계 바늘을 흔들어요.
시간이 흩어지고 민들레 홀씨 날고 하트 쏟아져요.
손바닥에 홀씨들 날아와 앉고 하트가 넘쳐나네요.
시간의 바늘이 흔들리면 사랑도 움직이는 거라고,
반딧불이 반짝반짝 빛을 보내고 홀씨는 속닥거려요.
멈추어진 바늘은 아직도 째깍째깍 흔들리고 있네요.
그의 눈 속으로 하트가 날아들고 홀씨가 날아들어요.
깜빡 눈감고 흔들리는 날, 그런 어이없는 날 있네요.

| 제2부 |

깨어나는 박물관
—詩話·1

아홉 개의 눈이 감시하는 방에서 그녀가 떠나고 있다.
세상의 얼굴은 어두워졌고 검은 나비 떼가 쏟아진다.
그녀가 애장하는 페도라를 쓰고 세상 밖으로 향한다.
그녀가 열고 들어간 사막에는 모래 안개가 흩날린다.
그녀는 아직 오지 않은 시간 속에 있고 새벽이 울고 있다.

지금은 없고 내일도 없는 박물관이 깨어나는 시간이다.
하늘로 가는 다리는 코끼리 다리의 추처럼 매달리고,
물고기의 입속으로 빨려가는 그녀의 잠은 평안하다.
그녀는 오지 않은 시간 속에 있고 새벽이 울고 있다.
지금은 없고 내일도 없는 유물들이 서서히 깨어난다.

시간 밖의 사람
—詩話·2

그는 하늘의 십자가로 떠 있고 세상은 못 박혀 있다.
두통이 수시로 찾아와 그의 시야를 두드리고 사라진다.
뒷모습은 흐릿해지고 손 내민 그는 시간 밖으로 밀려난다.
검은 지구에 삼각형의 문을 만들고 그가 장식되어 있다.
피아노는 소리의 파도에 녹아내리고 검은 음표가 흐른다.

암사마귀 뱃속엔 교미를 끝낸 수사마귀 머리가 소화된다.
내일은 새로운 씨앗을 품고 서랍 속에서 잠들어 있다.
칸칸이 열려 있던 서랍이 닫히고 느릿느릿 싹을 틔운다.
불량한 생각이 삐딱한 꿈을 꾸고 상상의 씨앗을 키운다.
안경 너머로 보이는 세상 밖에 그의 이름이 빛나고 있다.

기억의 열쇠, 기억의 하늘

—詩話·3

끓어오르는 바다가 아름다운 아프로디테를 토해낸다.
액자에 걸린 그녀의 두 눈에서 어두운 시간이 흐른다.
그녀의 입김에서 그가 태어나고 그녀의 입에 그가 죽는다.
날 선 시간이 그녀의 오뚝한 하얀 콧날 위로 흘러간다.
서랍에 칸칸이 남자들을 가두며 그녀가 계단을 만든다.

검은 시간은 어둠을 적시고 바다를 흔들며 깊어지고 있다.
그녀가 흔드는 바다에서 갇혀 있던 그들이 쏟아진다.
그녀가 만든 계단에서 잠든 기억들이 파르르 깨어난다.
그녀는 기억의 열쇠를 쥐고 있고 그는 기억의 하늘이다.
창을 뚫고 들어온 달빛에 새벽이 깨어나 황급히 돌아간다.

시간이 멈췄다가 흐른다. 시간의 귀에서 꽃이 피어난다.

그녀를 삼키는 뱀
—詩話·4

다리를 건너자마자 산허리가 부러지고 달이 굴러온다.
전선이 끊어지고 십 년 전 떠난 그녀가 밤마다 돌아온다.
가슴 한가운데서 버드나무 벚꽃이 낭창낭창 피어난다.
꽃들 위로 낮달이 떠오르고 꽃 속으로 기차가 달려간다.
정오를 지난 시간이 열한 시에서 일곱 시로 흘러간다.

망토를 걸치고 벼락 지팡이를 짚은 그가 마법사로 변한다.
하늘을 향해 걷는 동안 의자가 날고 고양이가 깨어난다.
그의 데스마스크가 벗겨지고 눈에서 벚꽃잎이 피어난다.
일그러진 촛대가 방을 밝히고 비너스 조각상이 춤을 춘다.
그녀의 머리카락이 뱀으로 자라고 그녀가 그를 삼킨다.

어깨에 생기는 섬

—詩話·5

도시를 삼키고 고개를 돌린 그의 어깨에 섬이 돋아난다.
돋아난 섬에 꽃이 피고 나무들이 자라고 새들이 날아든다.
검은 건반과 흰 건반 위 마차가 달리고 나비 떼 날아오른다.
잠든 고목이 꽃을 피우고 잠든 태초의 시간이 깨어난다.

조각상에는 몸 없는 꿈이 흐르고 나른한 잠이 깨어난다.
하늘에 걸쳐진 새의 시간이 땅으로 기울고 어둠이 깊어간다
그의 어깨에 정박한 배들이 일제히 고동을 울리는 시간,
그의 등에서 문이 열리고 출렁이는 붉은 바다가 보인다.

기억의 시간

—詩話·6

시간을 낚아챈 그의 어깨가 흔들린다 어제가 흔들린다.
그의 어깨에서 출항한 배들이 시간의 조각을 모은다.
귀가 잘리고 말이 잘리고 기억이 잘린 조각을 모은다.

아틀라스가 헤라클레스 어깨에 잠시 걸쳐놓은 시간이다.
쌓인 조각들이 기둥을 세우고 흩어진 조각을 모으고 있다.
헤라클레스에게 맡긴 아틀라스의 시간이 돌아오고 있다.

시간을 조각하는 새들

어제만 머무는 성에는 시간을 조각하는 새들이 산다. 톡톡 쪼아낸 시간을 조각내어 피카소 그림을 덧칠한다. 가을에서 봄으로 가는 겨울이 여름을 편집한다. 어제에서 내일을 꺼낸다. 불쑥 과거의 영상이 나타난다. 뚝뚝 떨어진 시간을 주워 오늘을 짜깁기한다. 검은 독수리는 시간을 물어오고 갈가마귀는 어둠의 경계에 서 있다. 조각난 시간을 물어다가 둥지를 만드는 검은 독수리의 성에 시간이 일렁인다. 고요한 바람이 휘몰아친다. 쪼개진 시간이 물비늘로 반짝인다. 물비늘을 낚아 올린 내일이 사금파리로 부서진다. 검은 안개를 피우며 시간을 조각하는 새들은 어제의 안개에 갇힌다. 아침안개 피워 물고 검은 물줄기를 따라 시간이 소용돌이친다. 다시 오늘이 내리는 성은 내일의 해를 거부하고 있다.

칠월 한낮

푸른부전나비 한 쌍 나뭇가지 흔들며 칠월을 펼쳐놓는다.
푸른 날갯짓으로 달아오른 가지에 폭염을 불러들인다.
그 언저리를 덩덕개 한 마리 겅중겅중 어쩔 줄 모르고
푹푹 안겨 오는 한여름 폭염을 신나게 쫓아다니고 있다.

바람난 치악산

그의 낮달을 훔쳐왔다 꽃 속에 묻혀 잊은 낮달이다.
꽃 속에 묻혀있는 낮달을 꺼내어 그녀가 손짓한다.
스르르 감겨오는 부드러운 빛이 그의 눈을 감긴다.
감긴 시간 너머에 기울었다가 채워지는 달의 몸,
그녀가 쉬었다 가며 만들어놓은 그믐달이 기운다.

초승달이 만월로 커지는 동안에도 그는 잠들어 있다.
용마가 뛰어놀던 용마바위*에 내리던 비가 잦아들고
잦아드는 빗줄기 사이 그녀가 달을 꺼내 들고 있다.
종소리가 들린다 울리지 않았던 녹슨 종이 소리를 낸다.
밤마다 그녀의 꿈을 띄운다 꿈마다 그의 안부를 띄운다.

꿈마다 안부를 띄우는 그녀의 기억들이 소리를 새긴다.
소란스러운 바람은 부산하게 용마 바위를 넘나든다.
시간은 휘몰이로 흘러가는데 그의 시간은 잠들어 있다.
선달그믐 그녀가 쉬어가며 패어놓은 그믐달에 기대어
휘몰아치는 시간에서 빗겨난 그는 깨어나지 않는다.

* 치악산 상원사에 있는 바위.

37도 2부

그녀의 방 앞에서 바람은 아코디언으로 열렸다 닫힙니다.
피아노 건반 위에 햇살들이 춤추고 꽃들이 우수수 집니다.
지는 꽃이 음표가 되고 천 개의 꽃이 만개의 달이 됩니다.
어둠이 환해집니다 그녀가 환해집니다. 열꽃이 핍니다.

사라진 어제 온도는 36도 오늘 온도는 37도 2부입니다,
사랑하기 좋은 최적의 온도, 달의 몸에 열꽃이 핍니다.
그녀가 들어 올린 달의 건반에 천 개의 음표가 춤을 추고
말들이 펄쩍 뛰어오르자 홀아비바람꽃 훌쩍 피어납니다.

별 밭이다

오리걸음으로 흩어진 발자국을 따라 불빛들이 변한다.
변하는 빛을 따라 발자국들 오리무중의 시간을 만든다.
오리무중의 시간에 미술관은 푸른 나비를 박제한다.
달을 베어 물었다가 뱉는 아이의 입에 달의 피가 흐른다.

달의 피가 흐르는 동안 오리무중의 시간이 흘러간다.
미술관에서 훔쳐온 '별이 빛나는 밤' 풍경이 살아난다.
그 사이 눈이 흩날렸던가? 별들이 흔들렸던가?
그렇게 별이 흘러와 그녀의 눈에서 대롱거린다.

매일 달라지는 그녀의 별들이 발자국을 남기고 사라진다.
낯익은 동화가 된다 그사이 바람을 가져 왔던가?
낯선 바람의 틈을 비집고 들어간 별이 흔들린다.
그녀의 눈빛이 흔들리다가 그녀의 눈은 별밭이 된다.

달의 숨 훔쳐나 볼까

메밀꽃 아슴아슴 아른거리면 그윽한 달의 숨 훔쳐나 볼까?
달빛 몸부신 오리무중의 안개 밭에 달그림자 내려앉으면
아딸딸 취한 꽃술 훔쳐볼까? 몸부신 달의 몸에 안겨볼까?
아슴아슴 취한 달빛 홍정천에 잠기어 달빛이 흔들리고
꽃의 한숨으로 꽃바람 불면 그윽한 달의 숨 훔쳐나 볼까?

읽히는 이름입니다

지워지는 얼굴입니다. 떨어지는 이름입니다.
뭉개지는 그림입니다. 사라지는 안개입니다.
가라앉는 먼지입니다. 깊어지는 어둠입니다.
안개 속에 허무하게 삼켜지는 얼굴입니다.
흩어졌다 모여들고 사라졌다 뭉쳐지는 이름입니다.
고요하게 만들어지는 안개입니다. 고요한 파문입니다.
하나가 여럿으로, 여럿이 하나로 뭉쳐지는 에너지입니다.
저만치 밝아지는 눈입니다. 또렷이 만져지는 코입니다.
드디어 나타나는 얼굴입니다. 끝내는 읽히는 이름입니다.

달 속으로 스민 뱀

달을 베어 문 꽃뱀이 껍질을 벗는 날이지.
노을은 오므라지는 붉은 연꽃에 갇히고
뱀의 혀는 우주를 들어 올리고 있었어.
갇힌 노을은 붉은 연꽃 속에서 혼절하고
꽃눈이 환한 뱀은 냉큼 노을을 집어삼켰지.
깜빡, 달이 취하고 하늘이 한눈팔던 날이지.
눈 맞은 꽃뱀이 스르륵 달 속에 스며들고
우주와 교신하던 뱀의 혀가 은빛으로 물들며
툭툭, 투두둑, 몇 알의 씨앗을 뱉어 놓았지.
폭폭, 폭폭 폭, 꽃씨가 터지는 새벽이었어.

천천히 오고 있는

쳇바퀴에서 덜컥거리는 이름이다.
흰 벽에 걸려 사위어가는 꽃이다.
상처의 깊이만큼 만져지는 향기다.
세상에 휘둘리다 와도 반갑게 맞는 당신이다.
상처 입은 세상에서 기댈 수 있는 체온이다.
누구에게나 골고루 나누어주어야 할 햇살이다.
아직은 설익은 그러나 천천히 익어가는 이름이다.
느린 걸음으로 오고 있는, 언젠가는 꼭 마주할 당신이다.
한 땀 한 땀 정성껏 엮어 드디어 완성할 이름이다.

노을

배 안 뜨면 고향 가자는 그의 말이 사선으로 꽂힌다.
그의 말에 구멍 난 바람을 가져와 수선하는 여자가
붉은 치마 펼쳐놓고 노을을 베어 물고 동백 눈물 떨군다.

| 제3부 |

낙서 · 1

내린 비가 뜨겁다. 비의 온도는 피의 온도다. 아니다.
생각이 착각하고 마음이 몸이 미는 바람을 걷어낸다.
하늘의 번갯불을 얻어 깨어 있어야 시인이란다. 아니다.
시간이 휘어져 흘러간다. 꽃들이 운다. 꽃들이 웃는다.
휘어진 시간과 꽃들의 울음을 잡아내는 것도 시인이다.
바람이 스친 자리마다 꽃피는 것 잡아내는 것도 시인이다.
은하수를 걷어내고 하늘의 소리를 잡는 것도 시인이다.
한곳으로만 기울어진 문이다. 찌그러진 문이다. 아니다.
닫혀있는 문일 뿐이다. 다시 한 번 번갯불을 기다린다.

낙서 · 2

발자국 모여드는 가로수에 보라색 그림자 비틀거린다.
노란 그림자가 흔들리고 붉은 그림자가 자빠진다.
시간을 클릭할 때마다 압축된 기억들이 풀려난다.
날씨가 요동치면 그녀는 몇몇을 죽이고 몇몇을 낳는다.
그녀의 기억이 파문을 일으키자 하얀 물감이 풀린다.
안개 속으로 지워졌다 나타나는 기억들을 건져 올린다.
내일이면 백수白壽를 맞이하는 그녀의 기억이 다시 흐른다.
아침 햇살이 기지개를 켜며 밤새 심장을 두드리고 간다.
저승과 이승을 오가던 기억에서 그녀가 빠져나온다.

낙서 · 3

눈이 무겁다. 눈발이 투두둑 떨어진다.
뱀의 꼬리를 놓치고 달아나는 눈발이다.
뱀의 입에서 꾸역꾸역 터져 나온 트림이다.
목숨 줄이 질겨서 미안해. 사는 게 갑갑해.
그 소리에 그의 기억이 알몸이 되어 가려진다.
칼바람 에이는 강바람이 틈이란 틈은 다 파고든다.
흩날리는 머리카락을 들고 살쾡이 걸음으로 사라진다.
바람의 그림자가 되어 시시때때로 눈발을 흩날린다.
오늘 또 느닷없이 옴팡지게 눈을 맞는다. 눈이 무거워.
뱀의 꼬리를 놓치고 달아나는 눈발을 쫓아간다.
선잠을 깬 그의 머리 위로 눈발이 내려앉는다.
눈발에 후두 둑 바람이 불자 하늘이 열린다. 닫힌다.

낙서 · 4

떨어지는 문장입니다. 지워지는 얼굴입니다. 사라지는 세포입니다. 가라앉는 먼지입니다. 뭉개지는 그림입니다. 깊어지는 어둠입니다. 사라지는 안개입니다. 안개 속에 삼켜지는 얼굴입니다. 흩어졌다 사라지는 문장입니다.

심해에서 재생되는 물방울입니다. 떠오르는 기포입니다. 고요하게 만들어지는 파문입니다. 하나가 여럿으로, 여럿이 하나로 뭉쳐지는 에너지입니다. 저만치 밝아지는 눈입니다. 또렷이 만져지는 코입니다. 해맑은 귓바퀴입니다. 싱싱한 달팽이관입니다. 또렷이 드러나는 몸통입니다. 드디어 나타나는 얼굴입니다. 끝내는 읽혀지는 문장입니다.

낙서 · 5

출근이 싫어지는 아침, 알람이 시끄럽게 목을 조른다.
여덟 시에 시계를 껐고 아홉 시에 핸드폰을 껐다.
늦게 도착한 버스의 앞문을 걷어차고 버스에 오른다.
늦게 일어난 신발 한 짝도 끌려 나와 버스를 탄다.
어젯밤 취해서 놓고 내린 신발 한 짝도 타고 있다.
취해서 그만 한발이 빠졌던 거다. 한발이 달아났던 거다.
술에서 깨어난 어제의 시간이 힘껏 기지개를 켠다.
목을 조르던 알람은 스르르 봉인을 풀고 오늘을 연다.

낙서 · 6

명왕성에서 온 그녀가 핸드폰 문자를 읽는다.
금성의 달이 가져온 문자다. 폰이 하얗게 깜빡인다.
화성에서 온 그녀가 핸드폰 문자를 읽는다.
금성의 달이 숨겨 놓은 문자다. 폰이 부르르 떤다.
그녀들이 수신한 문자가 그에게도 전달된다.
달의 문자들이 그의 폰에서 지그재그로 달아난다.
그 남자, 달아나는 문장을 잡아다가 열을 맞춘다.
그 옆으로 슬금슬금 지렁이 기고 굼벵이가 구른다.
전파가 한 방향으로만 흘러간다. 인공위성 하나가 꺼진다.
그가 있던 곳의 위치가 사라진다. 열 맞춘 문장 사라진다.
인공위성이 켜진다. 사라진 달 속에 그가 잠들어 있다.
그에게 칩을 심는다. 그의 위치가 그녀들에게 전달된다.
그녀들의 그물에 그가 걸린다. 그의 심장이 쪼그라든다.

낙서 · 7

—동박새와 블랙홀

동박새가 끌고 온 봄에 그 여자 끌려왔다.
이끌려온 여자, 동백꽃 속에 잠든다.
그녀의 눈 속에 블랙홀 잠들어 있다..
그녀의 블랙홀에서 바람꽃 피고 있다.
잠시 머물다가는 바람의 대기실이다.
소소하게 불었다 가는 꽃들 거기 산다.

ㅋㅋㅋ 손가락이 끌고 온 문자다.
ㅅㅅㅅ 그의 호기심이 끌려온다.
ㅎㅎㅎ 그녀가 블랙홀을 끌고 온다.
ㅋㅋㅋ 그가 블랙홀에서 허우적댄다.
ㅅㅅㅅ 그녀의 블랙홀이 뒤집힌다.
ㅍㅍㅍ 그, 여자 손끝에 끌려다닌다.

낙서 · 8

머리카락에 슬픔이 매달려 뱀으로 자라난다. 뱀으로 자란 슬픔이 바라보는 곳마다 돌이 쌓인다. 그녀가 스쳐 간 자리마다 돌무덤들 널브러진다. 슬픔이 섬을 만든다. 머리카락이 시간을 휘감고 그 틈으로 자란 머리카락이 검은 바다를 헤집는다. 가닥가닥 매달린 슬픔이 들고난다. 슬픔이 천년의 시간 밖으로 흘러간다.

낙서 · 9
—닫아도 열리는 문

닫아도 자꾸 열리는 소문의 길 따라 바람난 바람 소환된다.
바람은 모든 길로 이어지고 그 길마다 꽃의 눈이 열린다.
길마다 열려 있고 닫아도 열리는 문밖에서 바람, 바람난다.
모든 길에 꽃은 피고 닫아도 어느새 너는 또 길마다 열린다.

낙서 · 10

—바람의 그림자

귀뚜리울음이 찌르륵, 찌르륵 겨울을 몰아온다.
달빛을 휘도는 늑대의 컹컹한 울음이 겹쳐 운다.
허기진 마음 달아난다. 쫓아가는 걸음이 슬프다.
수양버들이 건져낸 손등에 파문이 새겨진다.
일렁이는 호수에 멈춰선 바람의 그림자 깊다.
검은 안개의 혓바닥이 길 위를 넘실대다 사라진다.
어둠이 깊어지는 사이 네가 있던 자리가 사라진다.
젖뜨리다 넘어지며 찬란한 너의 기억이 부서진다.
탁자에 놓인 물병에서 부서진 기억이 찰랑거린다.
젖뜨리다 넘어졌던 젊은 날의 푸른 달 꽃이 핀다.
온몸의 피돌기마다 달 꽃향기가 어둠을 걷어낸다.
푸르르 떨리던 젊은 날의 어깨에 푸른 잠이 쉽다.

낙서 · 11

—소리를 밟고 달아나는 말들

70억 개의 다른 심장들이 쿵쿵거리며 내뱉는 말이 소리를 잃고 헤맨다.

소리의 파동이 흔들리면서 허공에 길을 내고 침묵의 꼬리가 잡힌다.

잡힌 꼬리를 밟고 말이 흩어지고 떠도는 말은 떠난 자리에서 기다린다.

흩어진 말은 돌아올 기미가 보이지 않고 남아 있는 말은 헛심만 키운다.

귀를 줄이고, 입을 늘이고, 코를 높이고 턱을 깎아낸 말들이 다가온다.

떠나간 말은 귀를 키우고 눈을 키운 후 당당하게 걸어와 윙크를 날린다.

말들을 기다리는 자리에는 '깎고, 찢고, 바꾸고'라는 간판만 깜빡인다.

소리의 끝에 말의 얼굴이 없고 말도 없는 밤은 사기 치기 좋은 시간이다.

낙서 · 12
—꽂아도 닫히는 문

열리지 않는다. 나비를 잡아 꽂는다.
별을 찾아 꽂는다. 꽃을 피워 꽂는다.
바람을 잡아 꽂는다. 열리지 않는다.

콩콩콩 바람이 살랑살랑 숨은 꼬리를 흔든다.
꽃나비 한 마리가 심장을 사르륵 두드린다.
심장에 키를 꽂는다. 스르륵 하트가 열린다.

기지개 켜는 고양이 등에 사르륵 바람이 스친다.
강물에 담긴 산 그림자 흐트러뜨리며 스쳐 간다.
갈대의 머리를 쓰다듬는 손등에도 바람이 스친다.

기다림에 갇힌 두루미의 발등에 콕콕 콕 꽂힌다.
양떼구름 스르륵 흐트러지며 강물에 폭 담긴다.
그림자 더듬던 푸른 나비 한 마리 강물에 잠긴다.

낙서 · 13

첫과 끝의 시작점에 오후가 빼꼼히 고개를 내민다.
오후 두 시 삼십 분 창밖으로 얇은 한숨이 번진다.
비올라의 현을 따라 빗방울이 무거운 숨을 뱉는다.
손등에 닿는 빗방울이 검은빛의 우울을 연주한다.
건반을 타고 넘으며 춤추던 음표들이 손등에 걸린다.
널브러진 싱크대에 오후 다섯 시의 울음이 쏟아진다.
끽끽 울어대는 냉장고에서 우울을 꺼내 저녁을 차린다.
건반을 타 넘던 음표가 가라앉고 적막이 내려앉는다.

낙서 · 14

바람 분다. 바람이 분다. 또 바람이 분다.
너도 바람꽃 핀다. 국화 바람꽃이 핀다.
바람 분다. 바람 분다. 다시 바람이 분다.
세바람꽃이 핀다. 나도바람꽃이 피어난다.
우체통에 보낸 꽃들이 세상에서 피어난다.
취한 귀는 금빛 물결, 금빛 손길에 묻힌다.
바람 분다. 바람이 분다. 또 비바람 분다.
바람의 몸짓이 잡힌다. 번갯불이 터진다.
천둥이 치고 장대비가 꽂힌다. 꽃들이 진다.
부러진 비가 회전음을 타고 요란하게 내린다.
회전하는 음들이 갇혔다가 사선으로 쏟아진다.
사선으로 꽂힌 음들이 천둥소리에 흩어진다.
바람 분다. 바람이 분다. 다시 비바람 분다.
번갯불 터지고 천둥 친다. 소리비가 쏟아진다.
소리비 쏟아지는 날은 허깨비들의 난장판이다.

안개

심장에 블라인드가 내려져 가끔씩 네가 보이지 않아요.
너라고 믿었던 것들이 흐려지다가 종잡을 수가 없네요.
뻐꾸기 울음 섞인 바람 소리만 들려오는 오리무중이네요.

발자국을 지우며

아버지는 늘 먼지를 뒤집어쓴 신발을 가지런히 벗어 놓았지요.

아버지가 찍어 놓은 발자국을 밟으며 새벽길을 걸어 나갔지요.

발자국을 따라 어김없이 귀가하는 신발이 지겨워 벗어 던져요.

아버지의 발자국을 벗어나 곁눈질하며 게걸음을 걷기도 했지요.

그런 날은 마음이 길 끝 버스정류장까지 갔다 돌아오곤 했어요.

아버지는 세상의 소식 대신 늘 먼지를 뒤집어쓰고 돌아오셨고요.

엄마는 더 많이 알아야 한다고 한 보따리씩 책을 안겨주었지요.

멋진 세상을 꿈꾸며 나의 사춘기는 책 속으로만 길을 닦았어요.

〈

나는 책 속을 더듬거렸지만 모든 길은 책 속에 있지 않았지요.

세상에 나가 세상 속에 휘둘리면서 살아남는 법을 터득했고요.

귀가 따갑도록 처세술을 들으며 내 신발에도 먼지가 쌓여가네요.

까막눈의 엄마는 노인대학을 다니면서 세상을 줄줄 읽어가고요.

세상에 대해 더 많이 소통하면서 밖으로 나가는 일이 많아졌어요.

아버지는 흙 묻지 않은 신발을 매일 매일 털어내며 하루를 보내요.

어김없이 귀가하던 신발들은 흩어져 서로 다른 길을 내고 있고요.

가끔 먼지 묻은 세상 소식 몇 개 던져놓고 떠나는 신발이 되지요.

| 제4부 |

구 씨 할머니의 봄

당신의 바람은 어디서 불어 기억을 잡아 허깨비 키우나요.
팔십 년을 가슴에 푸른 바늘을 꽂아놓고 살고 있나요.
푸른 바늘 길을 만드는 당신의 첫사랑 이야기 들어요.
유부남과 도망쳐 살았던 팔십 년 세월이 눈앞에 오네요.
푸른빛을 가르며 첫사랑 그 사람이 허깨비로 달려오네요.
내일이면 사라질 이야기 햇살 따라 끄덕끄덕 졸고 있네요.

병산서원 배롱나무

배롱나무 붉은 꽃술에 어스름이 내려앉는다.
광영지 수련 위에는 붉은 꽃비가 쏟아진다.
만대루 어리는 꽃 노을이 꿈처럼 무너진다.

어느 순간 사라졌다

몽상의 행간에 숨어서 사막의 등을 건넌다.
고래의 등을 훔치며 모래바람을 따라간다.
날으는 새처럼 빛살의 행간으로 도망간다.
알지 못하는 폭풍 속에서 당신을 놓친다.

詩

시는 주소가 정확할수록 빨리 오지 않는 택배다.
바닥에 팽개쳐진 책꽂이다. 밑 빠진 헛소문이다.
말이 솟구친다. 꼬리표 물고 태평양 헤엄쳐 온다.

내일을 기다려

시커먼 발바닥을 기다린다
쟁기날 같은 발톱 기다린다.
검은 비를 기다린다
흑장미 같은 검은 꽃을 기다린다.
검은 오자를 기다린다
까치발 같은 검은 편지 기다린다.

어젯밤 막차를 기다린다
몰려올 검은 비구름을 기다린다.
검은 미끼를 던진다
검은 사과를 던진다 사과 시 던진다.
어린왕자의 꼬마별에
뱉어 놓은 사과나무 쑥쑥 쑥 자란다.

엘리베이터에서

엘리베이터 문짝에 손대지 마시고 싸대기 날리지 마세요.
무시로 기대어 똥폼 잡지 마시고 수다도 떨지 마세요.
카더라 마세요 카더라 카더라도 세 명이면 진짜 되지요.

거꾸로 도깨비가 생각의 엉덩이에 푸른 바늘 꽂아요.
소화가 안 될 때는 거꾸로 서서 수다를 떨어 보아요.
거꾸로 살다 보면 개폼도 똥폼도 진짜가 될지 몰라요.

코스모스 유람선

햇살이 그늘을 벗어났다가 그림자 속에 내려앉는다.
허깨비 끌어안고 낮잠을 자는 그녀에게 손을 내민다.
꿈을 꾸다가 낙원에서 쫓겨난 그녀가 허방에 빠진다.
바다는 보이는 것보다 멀고 섬은 보이는 것보다 가깝다.

저녁에 다가서는 급한 시간이 귓등을 타고 넘어간다.
그가 떠나는 시간을 향해 철없는 햇살이 기울고 있다.
시간을 놓치고 헛웃음을 훔치는 얼굴이 오히려 반갑다.
일몰이 물드는 어깨를 짚자 해사한 그림자들이 일어선다.

달빛 취하다

그 사내가 바다를 끌고 가자 은갈치 떼 튀어오른다.
바다에 빠져 허우적이는 불빛들이 꼬리를 살랑인다.
가로등 불빛이 바다에 뛰어들자 달빛도 휘청거린다.

도깨비 바람

푸른빛을 가르며 그가 슬며시 다가와 흩날리고 있네요.
바람도 살랑살랑 엉기어 면사포를 말아 쥐고 있네요.
어디에서 오는 도깨비들이길래 바람이 푸른 길을 내나요.

이월移越상품을 기다리며

유리방 안에 갇힌 그녀의 반쪽 표정이 씁쓸하다.
반쪽에는 반짝이는 액세서리 주절주절 걸려 있다.
반액 세일 프랭카드가 내걸리고 좌판이 벌어진다.
시선들이 구겨놓은 그 얼굴이 나를 따라 화사하다.

기억이 부러지다

반짝이는 음표는 그의 주변에서 찰랑거리고 내 앞에서는 고요만 찰랑인다.

오전 내내 그에게 전화를 걸면 들리는 것은 휘이잉 불어대는 바람소리다.

바람 소리에 부러지고 구부러진 음표들은 모조리 다 바다로 가버렸다.

그가 불어대는 색소폰 소리가 가락보다 더 깊은 한숨으로 출렁거린다.

그가 잃어버린 나는 부러진 비를 맞고 절름거리며 빗방울을 줍는다.

부러진 빗방울이 하늘 향해 부러지는 날에는 그가 찾아와도 나는 없다.

바다

빛바랜 아이돌 가수 향수를 열면 나무 위로 날아가는 물고기 떼가 보인다.

거울 속에 잠기는 파도를 꺼내면 잘 생긴 고래 세 마리가 따라 나온다.

깨어나는 파도에 달빛이 꽂히면 물보라가 일어서고 바다가 끌려 나온다.

오십

깨톡, 대만 가요? 아모르 가요. 깨톡, 아차차 대만 가요.
대만 가는 일정 받아들고 아모르예식장 향하는 길이다.
오십이 오입으로 읽히고 낙타가 낙태로 구미호로 된다.
아기가 아씨로 다가오고 무언가 자꾸 흘리고 잃어버린다.
쓸 말은 머릿속에 있고 입에서는 엉뚱한 말만 쏟아진다.
감정이 감성이 되자 심장이 쿵, 내려앉고 가슴이 싸하다.

그렇게 생각이 침묵한다

낙엽이 어깨를 스치며 떨어지는 잠깐 동안 너를 생각한다.
바람이 머리카락을 흩트려 놓은 순간에도 너를 생각한다.
바람이 달빛 흩뜨리며 침묵 불러낼 때도 당신을 생각한다.
바람의 한숨 깊어 달빛은 침묵의 길 내고 밤을 새운다.
침묵의 힘으로 삶을 넘고 그 손끝의 힘으로 너를 보낸다.
생각 못 한 손끝의 힘, 나는 지금 대답을 알 수가 없다.

허깨비 · 1

해를 품을까 달을 품을까 매일 잊으면서 매일 새롭다.
그렁그렁 매달리는 기다림이고 까무룩 잊는 그리움이다.
매일 다른 사람으로 인사하는 능청스러운 말이 하얗다.
찡긋 눈짓하며 능청 떠는 입맞춤은 새벽 고양이 손등이다.
손등의 앙탈이 잠잠해지고 한바탕 불어제끼는 한숨이다.
무표정한 얼굴로 목을 길게 빼고 동동거리면서 기다린다.
흘려버린 약속을 가리며 가면이 투명하게 스며든다.
척척 접히는 기억이 하얘지고 오늘 다시 새로운 얼굴이다.

허깨비 · 2

죽어도 좋을 벚꽃비에 꽂히는 순간, 문 두드리다 돌아온다.
안개에 이끌려갔다가 도착하지 못한 기억을 지우고 온다.
지금부터는 커피의 시간, 잠든 웃음에게 커피를 건넨다.
원 플러스 원으로 끼워 넣은 풍경이 깨어나는 새벽이다.

난화難畵, 엄마 기다리기

눈을 감고 손이 가는 대로 마음 흐르는 대로 그린다.
직선 그리고 곡선과 네모, 달팽이 무늬 겹쳐 그린다.
그림 펼쳐놓고 숨은그림찾기 하며 모양 찾아 그린다.
무슨 그림을 찾고 무슨 그림을 지우는지 알 수 없다.
말, 가로등, 우산, 장화, 모자, 지팡이, 뱀, 비가 찾아온다.
마음이 손짓하는 대로 눈이 보이는 대로 그림을 찾는다.
집, 가족, 이웃, 해바라기, 달, 별, 꽃, 나무, 보이지 않는다.
아무런 생각 없이 그려대는 세 살 노인은 엄마만 그립다.

빈 의자

노을이 물드는 골목길에서 흔들의자 꾸벅 졸고 있네요.
멋쩍게 흘러내린 이슬방울 빈자리 흔들며 울고 있네요.
밤이 쌓이는 골목에 머물던 얼굴이 거기에 앉아있네요.
오랜 시간 지워버린 그 얼굴이 불쑥 찾아와 앉아있네요.

|해설|

끝까지 미소 짓는다는 것

— 정치산의 시세계

박동억 | 문학평론가

1. 미소와 끈기

하나의 미소를 떠올려보자. 친구의 미소, 연인의 미소, 부모의 미소, 그 어떤 미소라도 좋다. 미소는 언어가 아니다. 대신 그것은 말로 설명하지 않아도, 전해지는 따스한 마음의 상형문자다. 또한 미소는 정확한 대화이다. 웃음처럼 지나치지 않고, 침묵처럼 모자라지도 않게, 당신의 두 눈을 오랫동안 편안히 마주 보려는 태도이다. 그런데 만약 우리가 미소 짓고 있는 자의 내면을 들여다보게 된다면, 그의 마음속에서 참혹과 아픔을 들여다본다면, 그때 비로소 우리는 미소의 힘을 깨닫게 된다. 놀라운 것은 미소 자체가 아니라, 인간이 어떤 상실 이후에도 타인에게 미소를 지을 수 있다는 사실이다. 슬픔 속에서도, 한 사람의 얼굴이 불평이나 투쟁을 위해 쓰이지 않고, 오롯이 타인을 반기기 위해 쓰인다는 것은 얼마나 힘겨운 일인가.

정치산 시인의 시를 표정에 은유하자면, 그의 시는 바로 그러한 미소에 가까워지려는 인상을 준다. 그의 시를 정확히 읽기 위하여, 독자는 시인이 무엇을 감추고 있는지 물어야 한다. 그는 섣불리 자신의 아픔을 드러내지 않는다. 그의 시에서 고통은 상징화되거나 암시된다. "황사로 흐려진 태양이 시궁창에 가라앉는다"(「달빛이 걸린다」)는 문장에 고통은 일몰의 풍경과 '시궁창'으로 상징화된다. 시 「그의 말을 훔치다·4」의 주제인 어머니에 관한 애도 또한 이 시집 전체를 장악하는 감정이 아니다. 오히려 이러한 내면의 고백보다 앞서는 것은 시적 수사를 통해 고통을 아름다운 풍경으로 바꿔보려는 노력이다. 그는 끝내 아름다워야 한다고, 삶이 '최면'이나 '도깨비놀음'이나 거짓일지라도 매 순간 아름답게 증언해야 한다고 말한다. 그렇기에 그의 시는 순간 나타나고 사라지기에 부질없어 보이는 미소 같은 것, 그러나 그러한 아름다움을 지속하려는 끈기를 닮았다. 이러한 끈기로 그의 시는 풍경과 타자를 맞이한다.

돌덩이가 발에 채어 굴러다닙니다.
금덩이가 되고 다이아몬드가 됩니다.
구우면 구울수록 변하는 돌덩이를
아흔아홉 번 구웠더니 그녀가 됩니다.
그의 말은 참말보다 더 매력적인 거짓말들이죠.
그래도 그의 말이 믿고 싶어 자꾸 굽고 있습니다.
아흔아홉 번을 구웠더니 뻥튀기가 됩니다.
그녀는 간데없고 뻥튀기 우르르 쏟아집니다.
지금까지 쏟아놓은 그의 말이 믿고 싶어져
한여름 태양 아래 다시 돌덩이를 굽고 있습니다.
구멍을 만들고 문을 만들어 숨을 틔우고 있습니다.

—「그의 말을 훔치다·3」 전문

바로 '참말보다 더 매력적인 거짓말'이 존재할 수 있다는 믿음이 바로 이 시집을 관통하는 미학적 원리이자 정치산 시인의 정신이다. 언어란 이중적이다. 사람은 진정성 있게 고백하기도 하고, 자신을 '금덩이'나 '다이아몬드'인 척 꾸며내려고 거짓 수사를 동원하기도 한다. 일반적으로 가식이나 치장에 사용되는 말은 경계의 대상이다. 그러나 정치산 시인은 바로 그러한 '매력적인 거짓말'을 믿어보려 한다고 말한다. 그의 말이 실상 '돌덩이'나 '뺑튀기'에 지나지 않을 때도 말이다.

바로 이로부터 우리는 정치산 시인의 삶에 관한 태도를 읽어낼 수 있다. 그는 진실보다 거짓이 가치 있다고 말하려는 것은 아니다. 다만 거짓 속에도 어떤 매력이 존재한다는 사실을, 더 정확히 말해 그러한 거짓을 믿어보려는 끈질긴 노력이 우리의 갑갑한 삶에 '숨구멍'을 트이고, 어떤 출구를 마련해준다는 사실을 말하려는 것이다. 우리가 주목해야 하는 것은 '아흔아홉 번' 상대를 믿고, 마침내 백번까지 상대의 거짓을 반추하려는 시인의 태도이다. 여기에는 끈질긴 삶의 긍정과 타인을 향한 다정함이 깃든다. 진심의 여부보다 앞서는 것은 타자를 긍정하려는 마음이다. 결국 시인이 견지하려는 태도는 참을 말하든 거짓을 말하든, 타인의 목소리에 깊이 귀 기울이려는 자세와 다르지 않다.

> 그의 손에서 천 개의 꽃이 피어납니다.
> 그의 어깨에서 천 개의 말이 피어납니다.
> 잘라도 다시 돋아나는 꽃들이 피어납니다.
> 잘라도 다시 돋는 말들이 날개로 핍니다.
> 날개로 핀 말들이 천 개의 문을 만듭니다.
> 시간을 멈춘 벽에 문이 만들어지고 있습니다.

그 문밖에서 다시 시간이 밀려오고 있습니다.

—「천안천화天眼千話」 부분

한 사람의 목소리에 몇 번이고 귀 기울이겠다는 말은 간단히 말해, 그의 목소리를 깊이 사랑하겠다는 말과 다르지 않다. 시인은 타인을 천 개의 문이라고 부른다. 따라서 그는 한 사람의 목소리를 이루는 천 개의 문을 모두 열고, 그의 안으로 들어가는 여행으로 향한다. 그 과정은 괴롭기는커녕, '피어나는' 꽃을 바라보듯 아름답다. 심지어 목소리뿐 아니라 그의 손과 어깨 모두 꽃밭이다. 꽃을 눈과 귀로 즐기듯, 시인은 한 사람을 본다. 그렇기에 그의 육체는 천 개의 눈으로 즐기게 될 천 개의 이야기면서 천 송이의 꽃다발이기도 하다. 시인이 이르게 될 장소는 어디인가. '날개로 핀 말들'에는 무게가 없고, '시간을 멈춘 벽'에는 지루한 일상이 침입해올 수 없다. 이처럼 시인은 삶을 벗어난 영원의 꽃밭을 꿈꾼다. 바로 이것이 타인에게 깊이 귀 기울인 뒤, 시인이 도달하는 시적인 풍경이다. 그것은 타인과의 사랑으로 완성되는 내밀한 꽃밭이다.

물론 이러한 풍경에는 삶의 냉혹이 배제되어 있다. 조금 거리를 두고 말해보자. 누구에게든 내면의 진실, 타자의 진실, 세계의 진실 중 어느 하나 감당하는 일조차 버겁다. 때로 진실은 뼈와 같아서 그것이 드러나는 순간은 섬뜩하고 잔인하다. 누군가는 이러한 시련을 감수하고 세계에 맞서며, 자신의 신념을 실천해나가기도 한다. 그러한 진정성의 윤리가 존재한다면, 반대로 자신의 신념과 상처를 감추고 태연한 척 살아갈 수밖에 없는 일상의 윤리도 존재할 것이다. 누군가는 거짓으로 자신의 진심을 감추고, 웅크린 동물처럼 일상을 견딘다. 정치산 시인이 돌보는 것은 바로 그러한 웅크린 마음이 아닐까. 그래서 시인은 접붙인 나무의 상처를 보며 "걱정하지 마 넌 감쪽같아"(「그의 말을 훔치다·8」)라고 말을 건넨다. 그가 우러러 보는 것은 비범한 개인이 아닌, 일상을 긍정할 수 있는 평범한 인간의 끈기이다.

그 눈짓, 그 몸짓, 모두 눈치채지 못했어.
간도 쓸개도 다 빼가는 걸 눈치채지 못했어.
빛나는 아홉 개의 표정도 들키지 않았어.
번개 치면 후다닥 정신 차리고
깜찍하게, 해맑게, 천진한 얼굴로
그냥, 그냥 모른 척하고 있을 거야.
후드득, 잠깐 가슴에 실종된 빗방울이잖아.
그냥 잠깐 적시고 지나간 거잖아?

—「여우비」 부분

설령 세상이 우리를 속인다고 해도, 혹은 사람들의 표정이 아홉 개 꼬리 달린 여우처럼 모두 거짓이었다고 해도, 그러한 거짓에 상처 받는 순간은 '여우비'처럼 순식간에 지나갈 것이라고 시인은 위로한다. 독자는 정치산 시인이 아픔을 맑은 풍경으로 바꿔놓는 것을 목격한다. 구태여 타인에게 상처받는 순간을 배신이라는 단어를 택하지 않고, 잠깐 마음을 적시는 '여우비'라고 바꾸어 부름으로써, 시인은 마음을 바람이 조금만 불면 맑아질 하늘로 바꾸어 놓는다. 이렇게 삶을 긍정하려는 힘, 상처 이후에 말간 미소를 지으려는 힘이 바로 정치산 시인의 시다. 이러한 사소한 긍정은 진실에 이르지 못할 지라도, 우리에게 일상을 지속하게끔 하는 힘을 불어넣어 주는 것이다.

그렇기 때문에 시인은 시 「빨강 캉캉 목도리」에 '시'를 재주넘기 부리는 '빨강 캉캉 목도리'라고 이름 붙인다. 시는 화려한 목도리이자 때론 캉캉 춤을 추기도 하는 무용수로 은유된다. 춤처럼, 시는 사람들에게 기쁨을 주기 위해 존재한다. 그런데 이 작품에 시인은 "모두가 잠든 밤에 깨어 있던 그녀의 시가 끌려가고 말았"다고 말한다. 어떤 순간에는 시가 사라지기도 한다. 그것은 바로 타인이 잠든 순간이다. 따라서 이 작품에 관해 우리는 이렇게 물어야 한다. 정치산 시인의 시가 타인과 삶을 긍정하는 끈기로 가득하다면, 한편 모든 타인이 잠든 밤 동안 그의 시는 무엇을 향해 가는가. 시인 홀로 놓여있는 시간에 시는 어떤 몸짓을 취하는가. 타인의 거짓까지도 환대하는 낮이 지나고 난 이후, 시인의 새벽은 어떤 보상을 받을 수 있을까.

2. 일상의 시간, 메두사의 시간, 오리무중의 시간

정치산 시인의 시에는 세 겹의 시간이 있다. 미리 밝혀두자면, 그것들은 화창하게 타인을 향해 미소 짓는 '일상의 시간', 타인과 동떨어진 새벽에 찾아오는 '신화의 시간', 그리고 예술이 창조하는 '오리무중의 시간'으로 나뉜다. 앞서 해설한 '일상의 시간'은 고단하고 지루하게 반복되는 현대인의 삶에 속한다. 이에 관하여 시인은 우리의 삶이 살만한 것이라고 말하며, 어떤 거짓이나 상처도 긍정해 보이려 한다. 바로 그로부터 타인을 포용하는 내밀한 사랑의 가능성은 탄생한다. 그러나 어떤 이가 감히 끝까지 삶을 아프지 않다고 말할 수 있겠는가. 시인은 "그녀는 오지 않은 시간 속에 있고 새벽이 울고 있다"(「깨어나는 박물관」)고 쓰기도 한다. 그가 감추어둔 새벽의 '못 박힌 두통'과 잔인한 마음이 있다. 신화 연작은 바로 그러한 내밀한 시간에 관한 증언으로 시작된다.

그는 하늘의 십자가로 떠 있고 세상은 못 박혀 있다.
두통이 수시로 찾아와 그의 시야를 두드리고 사라진다.
뒷모습은 흐릿해지고 손 내민 그는 시간 밖으로 밀려난다.
검은 지구에 삼각형의 문을 만들고 그가 장식되어 있다.
피아노는 소리의 파도에 녹아내리고 검은 음표가 흐른다.

암사마귀 뱃속엔 교미를 끝낸 수사마귀 머리가 소화된다.
내일은 새로운 씨앗을 품고 서랍 속에서 잠들어 있다.
칸칸이 열려 있던 서랍이 닫히고 느릿느릿 싹을 틔운다.
불량한 생각이 삐딱한 꿈을 꾸고 상상의 씨앗을 키운다.
안경 너머로 보이는 세상 밖에 그의 이름이 빛나고 있다.

—「시간 밖의 사람」 전문

신화 연작은 복합적인 의미를 갖고 있다. 먼저 신화 연작은 고통과 불온에 관한 상징적 형상화라고 보아도 좋다. 그런데 이 고통의 주체는 누구인가. 신화 연작의 내용이 주로 자기 고백이라기보다 누군가에 관한 기억의 증언이라는 것을 유념해야 한다. 위 작품은 어떤 이가 처한 곤경과 관능적 사건을 서술하는 투로 진술된다. 따라서 이 시에서 회상되는 것은 시인이 아닌, '그'의 고통이다. '그'는 세상을 짊어진 십자가이다. '그'의 두통은 수시로 찾아오고, 그의 머리는 소화액에 녹아가는 '수사마귀 머리'와 같다. 그런데 이러한 표현들의 특징을 세심하게 살펴야 한다. 세상에 '못 박혀' 있다는 표현은 곧 세상 바깥에 있음을 암시한다. 마찬가지로 그는 '시간 밖'에 있기도 하다. 따라서 상상력의 전개로 비추어볼 때, '삼각형의 문'은 후련한 출구와는 달리, '그'를 세상 밖으로 추방한 뒤 닫힌 문에 가깝다. 또한 십자가이자 문의 장식품으로써 '그'는 사물로 전도되거나 벌레로 격하된다. 이러한 비하의 징후 속에서, '불량한 생각'은 내일로 자라날 조짐을 보인다. 이처럼 소외된 자의 고독과 세계에 맞서려는 불온한 감정들이 눈에 띈다.

그러나 전면에 내세워진 고통의 사건과 달리, 신화 연작에는 어떤 관능의 조짐 또한 발견된다. 새벽 동안 한 사람을 추억하고 있다는 사실, 암사마귀와 수사마귀처럼 두 사람이 서로 바라보던 새벽이 암시되고 있기 때문이다. 이뿐만 아니라, 위 작품에는 촉각적 감각이 부각된다. 관능의 기억은 본래 피부접촉이기 마련이다. 녹아드는 피아노 소리와 '검은 음표'는 피부 접촉으로 전환된 음성이다. 무엇보다 상대를 먹어치우려는 암사마귀의 욕망이 이 시를 맴돈다. 물론 "손 내민 그는 시간 밖으로 밀려난다"는 문장처럼, 그는 현전하는 것이 아니라 추억으로 회상될 뿐이기에, 애틋한 관능은 그리움의 대상으로 위 시를 맴돈다. 신화적 표현은 바로 이러한 관능적 접촉을 신비한 사건으로 승격시킨다. 시인은 시 「그녀를 삼키는 뱀」에서도 "그녀의 머리카락이 뱀으로 자라고 그녀가 그를 삼킨다"고 쓴다. 시인은 메두사처럼 '그'를 삼키고 싶다. 한편 시의 제목처럼 '뱀' 또한 그녀를 삼킬 것이다. 바로 이러한 메두사의 신화 속에서 두 사람은 하나로 결합하는 관능으로 승격된다. 메두사란 결국 관능의 순간뿐 아니라, 관능의 추억까지도 기억의 신화로 만들어 향유하려는 그리움의 다른 이름이다.

그의 말을 훔치다 연작이 다정함으로 가득하다면, 신화 연작은 그러한 다정함이 무엇을 견디고 획득된 것인지, 그리고 무엇을 획득하는지 보여준다. 새벽은 홀로 있는 시간이다. 새벽에 감춰진 것은 유물 같은 낡은 기억, 그리고 자신과 타인의 그늘진 고통과 불온함이다. 한편 새벽에 획득되는 것은 관능이다. 관능은 기억으로 남아, 매 순간의 피부접촉을 되살리는 신전을 이룬다. 그래서 시인은 "시간이 멈췄다가 흐른다. 시간의 귀에서 꽃이 피어난다"(「기억의 열쇠, 기억의 하늘」)고 쓴다. 한편 사랑을 기억으로만 되살리는 것은 쓸쓸한 일이기도 하다. 그래서 시인은 "머리카락에 슬픔이 매달려 뱀으로 자라난다"(「낙서·8」)고 말하기도 한다. 신화 연작에는 새벽의 마음으로 사랑했던 이를 그리워하고, 쓸쓸함을 확인하는 시간이 고백 된다.

> 오리걸음으로 흩어진 발자국을 따라 불빛들이 변한다.
> 변하는 빛을 따라 발자국들 오리무중의 시간을 만든다.
> 오리무중의 시간에 미술관은 푸른 나비를 박제한다.
> 달을 베어 물었다가 뱉는 아이의 입에 달의 피가 흐른다.
>
> 달의 피가 흐르는 동안 오리무중의 시간이 흘러간다.
> 미술관에서 훔쳐온 '별이 빛나는 밤' 풍경이 살아난다.
> 그 사이 눈이 흩날렸던가? 별들이 흔들렸던가?
> 그렇게 별이 흘러와 그녀의 눈에서 대롱거린다.
>
> —「별 밭이다」 부분

한편 시인에게는 '오리무중의 시간' 또한 존재한다. 그것은 마치 고흐의 그림을 감상할 때처럼 예술을 만끽할 때 찾아오는 시간, 아니 찾아온다기보다 잊는 시간이다. 우리에게는 일상의 초침처럼 기계적으로 반복되는 시간이 있고, 새벽처럼 자신이 가장 그리워했던 기억으로 향하는 시간이 있다. 반면 아예 시간을 잊는 순간 또한 존재하지 않을까. 정치산 시인은 예술을 감상하는 동안 탄생하는 '오리무중의 시간'이 존재한다고 말한다. 예술은 무엇을 뜻하지 않는다. 미소처럼, 그것은 다만 몸짓일 뿐이다. 예술을 감상한다는 것은 별자리를 올려다볼 때의 현기증처럼, 세상을 잊고, 다만 그것을 바라보는 몰입이다. 근본적으로 이것이 정치산 시인이 시로부터 발견하고자 하는 시간성이 아닐까. 그가 시간 바깥, 세상 바깥을 거듭 강조하는 이유는 바로 세속의 시간을 벗어던지고, 오히려 '오리무중'에 휘청거리기를 바라는 마음 때문일 것이다. 이러한 오리무중이란 유유자석이다. 빛이든 세벽이든 개의치 않고, 정처 없이 산보할 수 있는 후련한 정신의 길이다. "몸부신 달의 몸에 안겨볼까?"(「달의 숨 훔쳐나 볼까」)라는 반문을 던져보는 방식이다.

물론 어떤 인간도 일상을 벗어날 수는 없다. 예술은 잠시간의 위안이 될 뿐이다. 따라서 시 또는 예술이라는 '오리무중'이 있는 한편, "뻐꾸기 울음 섞인 바람 소리만 들려오는 오리무중"(「안개」), 즉 삶의 불가해성과 막막함이라는 '오리무중' 또한 있다. 정치산 시인은 이 모든 시간의 오리무중을 감지한다. 따라서 그에게 '시인'이란 세 겹의 시간을 잡아내는 소명을 지속하는 이다. 이러한 소명을 상기시키듯, 그는 이러한 메모를 남긴다. "휘어진 시간과 꽃들의 울음을 잡아내는 것도 시인이다./바람이 스친 자리마다 꽃피는 것 잡아내는 것도 시인이다./은하수를 걷어내고 하늘의 소리를 잡는 것도 시인이다."(「낙서·1」)

3. 마주 본다는 것

세 겹의 시간을 드러내고 나면, 비로소 정치산 시인의 시는 온전히 읽힌다. 그의 시를 얼굴에 비유하자면, 그의 얼굴은 깊다. 사랑과 슬픔과 후련함이 각각 깃든 세 겹의 시간을 한꺼번에 짊어지고 있기 때문이고, 그러한 얼굴이 자아내는 표정은 그 시간의 겹 이후에 탄생하고 있기 때문이다. 한편 그러한 표정은 결국 타인에게 향하는 것이다. 표정은 타인에게 발견되기 위한 편지이다. 종종 우리는 인간의 얼굴을 단지 표면으로만 인식하기도 하지만, 정치산 시인의 표정은 결코 그렇게 발견되지 않는다.

> 지워지는 얼굴입니다. 떨어지는 이름입니다.
> 뭉개지는 그림입니다. 사라지는 안개입니다.
> 가라앉는 먼지입니다. 깊어지는 어둠입니다.
> 안개 속에 허무하게 삼켜지는 얼굴입니다.
> 흩어졌다 모여들고 사라졌다 뭉쳐지는 이름입니다.
> 고요하게 만들어지는 안개입니다. 고요한 파문입니다.
> 하나가 여럿으로, 여럿이 하나로 뭉쳐지는 에너지입니다.
> 저만치 밝아지는 눈입니다. 또렷이 만져지는 코입니다.

드디어 나타나는 얼굴입니다. 끝내는 읽히는 이름입니다.

—「읽히는 이름입니다」 전문

시인의 얼굴은 깊이를 가졌다. '떨어지고' '깊어지고' '읽히게' 되는 깊이가 없다면, 표정은 그저 한 겹의 인상에 지나지 않는다. 우리가 표정을 내면의 반영이라고 믿는 이유는 그것이 단순한 감정 표현 이상으로 우리 존재를 표현해주기 때문이다. 그런데 표정을 해독하는 일은 참으로 어렵다. 표정 너머의 진심은 '안개'와 '어둠'에 뒤덮인 것만 같다. 그러나 정치산 시인은 끝내 얼굴은 발견될 것이라고 말한다. 어지러움은 물러나 얼굴은 '고요해질' 것이고 '뭉쳐질' 것이고 또렷이 '만질' 수 있게 될 것이다. 비로소 얼굴은 타인에게 '읽힐' 것이다. 타인에게 자신의 얼굴이 전해질 것이라는 확신이 바로 정치산 시인의 신념이다. 따라서 우리는 표정의 풍요 속에 영그는 시적 정신이, 곧 주체임을 목격한다. "아직은 설익은 그러나 천천히 익어가는 이름"(「천천히 오고 있는」)이란 타인에게 완전하게 읽히게 될 자아의 이름이다.

앞서 해설했듯, 그의 얼굴의 근본을 이루는 표정은 미소로 은유된다. 미소는 윤리에 관한 한 정확하지는 않을지 몰라도 최선의 선택지가 될 수도 있다. 사실 무엇보다 윤리적인 것은 얼굴에 몰두하는 시인의 정신이다. 기필코 '읽히고자' 하는 그의 얼굴은 타자에게 전하는 선물이다. 얼굴은 거울에 비추고, 자아의 반영으로 상징화하는 현대시의 흐름에 반하여, 정치산 시인의 '얼굴'은 유독 타자지향적이다. 마찬가지로 이 시집에서 가장 아프게 진술되는 것은 타자의 상실이기도 하다. "어둠이 깊어지는 사이 네가 있던 자리가 사라진다"(「낙서·10」)는 문장처럼, 가장 아픈 일은 당신을 잃는 것이다. 당신의 기억을 잃는 일이다. 그래서 정치산 시인은 기억 하나하나를 소중하게 호명하고 있다. "아버지는 세상의 소식 대신 늘 먼지를 뒤집어쓰고 돌아오셨고요/엄마는 더 많이 알아야 한다고 한 보따리씩 책을 안겨주었지요"(「발자국을 지우며」)처럼 가까운 가족의 기억부터, "당신의 바람은 어디서 불어 기억을 잡아 허깨비 키우나요"(「구 씨 할머니의 봄」)라는 질문처럼 먼 사람의 기억까지 돌보는 마음이 이 한 권의 시집을 이룬다.

그런데 시인에게 기억은 떨어지기 직전의 잎사귀처럼 위태로운 것으로 표현되곤 한다. 기억은 너무나도 소중하기에 언제 잃어버리게 될지 모른다고 생각하고 불안에 떨게 되는 대상이다. 이처럼 무채색의 무미건조한 기억이 아니라, 정말 우리가 소중하게 생각하는 추억은 언제나 불만족을 남길 수

밖에 없다. 가장 아름다운 과거는 그대로 과거의 순간 그대로 회상되지 않기 때문이다. 따라서 일몰과 낙엽과 낙화는 기억에 관한 가장 찬란한 표현이다. 시 「병산서원 배롱나무」는 민요조의 리듬과 "만대루 어리는 꽃 노을이 꿈처럼 무너진다"라는 담박한 문장으로 이를 표현한다. 기억은 노을처럼, 낙화처럼, 꿈처럼 우리 곁에서 멀어진다. 그래서 그것은 아름답고 쓸쓸하다. 또한 그렇기에 그 아름다움과 쓸쓸함의 본질은 그리움이다.

> 낙엽이 어깨를 스치며 떨어지는 잠깐 동안 너를 생각한다.
> 바람이 머리카락을 흩트려 놓은 순간에도 너를 생각한다.
> 바람의 한숨은 낡은 창가로 달빛 불러내 너에게 보낸다.
> 달빛 한숨이 깊어 생각은 침묵의 길 내고 하얗게 바랜다.
> 침묵의 힘으로 산을 넘고 손끝의 힘으로 너를 보냈다.
> 생각 못 한 손끝의 힘, 나는 지금 대답을 알 수가 없다.
>
> —「그렇게 생각이 침묵한다」 전문

우리는 정치산 시인의 시가 머무는 자리가 어디인지 확인한다. 그것은 바로 손끝이다. 손끝이란 위태롭다. 손끝은 육체의 가장자리이고, 가장 타자 쪽으로 기울어진 인간의 신체다. 가지 끝에 매달린 꽃처럼, 지평선에 걸린 노을처럼, 손끝은 자아와 타자 사이의 가교다. 그러한 공간들을 아름답다고 말한다면, 이때 아름다움이란 서로 다른 두 존재의 감응으로 인해 발생하는 것이다. 시인은 바로 이러한 '손끝의 힘'으로 말을 건네고, 한숨 쉬고, 다시 당신에게로 향하려 한다. 그러나 당신이 찾아오지 않기에, '나'는 당신을 추억하는 자리에 머물 뿐이다. 그러나 앞서 그랬듯 시인은 당신을 위해 그저 마음속의 어둠을 감추고, 타인을 환영하는 순간을 기다릴지도 모른다.

기다림의 순간 시인은 침묵한다. '침묵의 길'이란 무엇인가. 당신을 '나'의 마음으로 해석하지 않고, 기억 속 당신이 바로 이곳에 찾아오기를 바라는 마음으로, 당신이 '달빛'처럼 환하게 찾아오기를 바라는 마음으로 시인은 기다린다. 한편 그것은 생각을 버리는 일이기도 하다. 생각보다 앞서는 것은 바로 손끝이어야 한다. 의미보다 앞서는 것은 몸짓이고 몰입이다. '손끝의 힘'이라는 표현에 모든 그리움은 응축된다. '나는 당신을 생각하는 것이 아니라, 당신을 만지고 싶다.' 바로 이것이 그리움에 관한 정확한 표현이다. 우리는 정치산 시인의 시로부터 타자와 정확하게 마주 보는 방식을 발견한다. 마주 본다는 것은 바로 사색이나 시선의 교환이 아니라, 당신을 깊이 만지는 일이다. 타자라는, 지금은 대답할 수 없는 의문 속에 자신을 내던지는 일이다. 정치산 시인의 시는 바로 그러한 마주 보려는 힘을 향해 나아간다. 그러한 마주봄은 두 개의 시선이 아니라, 맞잡은 손끝처럼, 체온을 전하는 육체가 되려 한다.